«Stanley excava
guía a interceder
tras mamás y nu
propio deber de
glorificar a Dios c
este libro será un excelente recurso».

Megan Hill, editora, The Gospel Coalition

«Aunque suelo ser solícita para orar por mi esposo, mis hijos y la iglesia, a menudo olvido orar por el corazón y la vida de mis propios padres. ¡Doy muchas gracias por la sabiduría de Chelsea y por sus útiles pautas! No veo la hora de usar este recurso en mi propia vida».

Emily Jensen, coautora,
Risen Motherhood [Maternidad redimida]

«Chelsea Stanley nos equipa con verdades y ánimo bíblicos para orar por toda clase de padre y toda clase de situación. Este libro es inmensamente práctico y me ha impulsado a orar con fidelidad y de manera específica por mis propios padres».

Glenna Marshall, autora,
Everyday Faithfulness [Fidelidad cotidiana]

«Crecí sabiendo que mis padres oraban por mí cada día, pero me llevó un largo tiempo entender que podía (y debía) orar también por ellos. Este libro es una guía maravillosa que me ayudó a ver cómo hacerlo de una manera arraigada en la Escritura y que los honre».

Barnabas Piper, autor,
Hoping for Happiness [Esperanza de felicidad]

«Este libro trata de cuestiones particularmente cercanas al corazón de Dios: Su Palabra, la oración ferviente y el cuidado a los padres. La práctica a la cual Stanley nos invita está llena de promesas para todas las épocas de la vida, tanto para la persona por la cual se ora como para la que está orando».

Mike Bullmore, pastor sénior,
Crossway Community Church

«Este libro me ha bendecido muchísimo, y me ha recordado que, en última instancia, si quiero bendecir y honrar a mis seres queridos, tengo que empezar con la oración».

Isabel Tom, autora, *The Value of Wrinkles*
[El valor de las arrugas]

«Saturado con las Escrituras, accesible, conmovedor y convincente. Recomiendo esta ayuda práctica a jóvenes y ancianos como un aliento considerado en una tarea que descuidamos con demasiada facilidad: orar por nuestros padres. Dedicar tiempo a orar por tus padres a través de este estudio avivará tu afecto, te animará al arrepentimiento y te ayudará a implorar a Dios que haga lo que solo Él puede hacer».

Greg Morse, escritor de planta, desiringGod.org

«Chelsea Stanley ha bendecido a la iglesia al darnos este consejo sabio y bíblicamente sólido sobre cómo orar por nuestros padres. Su modelo de basar nuestras oraciones directamente en la Escritura es tanto sabio como instructivo. Lee este libro y úsalo como una herramienta para bendecir a tus padres y fortalecer tu propia vida de oración».

John Dunlop M.D., geriatra, autor,
Finishing Well to the Glory of God
[Cómo terminar bien para la gloria de Dios]

«Chelsea Stanley nos da un recordatorio necesario: nuestros padres necesitan oración. ¡Aquí tienes una útil guía escritural para ayudarnos a hacer precisamente eso!».

Barbara y Stacy Reaoch (suegra y nuera), autoras

«Sin duda, una de las cosas más importantes que podemos hacer por nuestros padres es orar por ellos. Sin embargo, demasiado a menudo, nos quedamos sin batería o no sabemos cómo hacerlo. Este libro te llenará de energía y te inspirará a seguir adelante».

Matt Beeby, rector, Saint James Gerrards Cross

5 RAZONES PARA ORAR POR TUS PADRES

Oraciones que transforman
la vida de nuestros ancestros

CHELSEA STANLEY

INTRODUCCIÓN POR
TIM CHALLIES

B&H
ESPAÑOL
BRENTWOOD, TENNESSEE

5 razones para orar por tus padres: Oraciones que transforman
la vida de nuestros ancestros

Copyright © 2023 por Chelsea Stanley
Todos los derechos reservados.
Derechos internacionales registrados.

B&H Publishing Group
Brentwood, TN 37027

Diseño de portada: B&H Español

Director editorial: Giancarlo Montemayor
Editor de proyectos: Joel Rosario
Coordinadora de proyectos: Cristina O'Shee

Clasificación Decimal Dewey: 306.874

Clasifíquese: PADRES \ ORACIÓN \ RELACIÓN PADRE-HIJO

Las citas bíblicas marcadas NVI se tomaron de La Santa Biblia,
Nueva Versión Internacional®, © 1999 por Biblica, Inc.®. Usadas
con permiso. Todos los derechos reservados.

Las citas bíblicas marcadas LBLA se tomaron de LA BIBLIA DE LAS
AMÉRICAS, © 1986, 1995, 1997 por The Lockman Foundation.
Usadas con permiso.

Las citas bíblicas marcadas DHH se tomaron de Dios Habla Hoy®,
Tercera edición, © 1966, 1970, 1979, 1983, 1996 por Sociedades
Bíblicas Unidas. Usadas con permiso.

ISBN: 978-1-0877-6805-2

Impreso en EE. UU.
1 2 3 4 5 * 26 25 24 23

CONTENIDO

ORACIONES PARA QUE YO...

PRÓLOGO
POR TIM CHALLIES

Hace unos años, escribí una serie de publicaciones de blog llamados «*The Commandment We Forgot*» [El mandamiento que olvidamos]. El mandamiento en cuestión tenía que ver con toda la vida de cada ser humano. Era un mandamiento con aplicación para el hogar, la iglesia y el trabajo; un mandamiento que provee un fundamento estable para toda la sociedad. Sin embargo, era —y es— un mandamiento sumamente descuidado hoy. Es el quinto de los grandes diez mandamientos de Dios para la humanidad: «Honra a tu padre y a tu madre, como el Señor tu Dios te lo ha ordenado, para que disfrutes de una larga vida y te vaya bien en la tierra que te da el Señor tu Dios» (Deut. 5:16).

¿Notaste que Dios le asigna bendiciones a este mandamiento? Al escribir siglos más tarde, el apóstol Pablo lo llama «el primer mandamiento con promesa» (Ef. 6:2). Las bendiciones adquieren dos formas: una vida larga y una vida buena. Estas promesas no son garantías. En cambio, señalan la verdad de que aquellos que honran a sus padres en general experimentan una mejor vida que aquellos que no lo hacen. ¿Por qué? Porque los que honran a sus padres se conducen como Dios quiere, viven como Dios quiso que los humanos vivieran.

Pero ¿qué es honrar? Bíblicamente, la palabra *honor* se refiere a peso o trascendencia. Para honrar a nuestros padres, debemos asignarles un gran valor a ellos y a nuestra relación con ellos. Tenemos que respetarlos y reverenciarlos, hablar bien de ellos y tratarlos con bondad, amabilidad, dignidad y estima. Debemos garantizar que estén bien cuidados e incluso proveer para ellos si lo necesitan. Todo esto y mucho más está incluido en esa palabrita. Esta clase de honor puede expresarse de diversas maneras: al perdonar a nuestros padres, estimarlos en público y en privado, buscar su sabiduría, apoyarlos y proveerles lo que necesitan.

Y aquí, en esta breve guía, Chelsea Stanley nos señala otra manera importante en la cual podemos cumplir el mandamiento de Dios de honrar a nuestros padres: orando por ellos.

Honrar a nuestros padres no es un llamado sencillo. Es muy probable que nos encontremos con épocas difíciles y decisiones duras. Necesitamos la ayuda del Espíritu. Por eso, este libro es doblemente útil mientras buscamos obedecer el mandamiento que olvidamos. Primero, mientras elevamos a nuestros padres delante del trono de la gracia y oramos para que Dios los bendiga, los honramos delante del Señor en ese mismo momento. Segundo, mientras oramos por nuestro propio corazón y por la relación con nuestros padres, recibimos el poder de amarlos y servirlos mejor en palabra y en obra. En ambos casos, podemos disfrutar de la garantía de Dios de que obedecer Su mandamiento de honrar a nuestros padres conducirá a una gran bendición.

Tim Challies
Bloguero y autor, Challies.com

INTRODUCCIÓN
DE LA SERIE

Esta guía te ayudará a orar en 21 áreas y situaciones diferentes por tu madre o tu padre; sean biológicos o adoptivos, en edad laboral o jubilados, en buena forma física o frágiles, casados o separados, creyentes o no creyentes. En cada una de estas áreas, hay cinco cosas distintas por las que orar, así que puedes usar este libro de diversas maneras.

▶ *Puedes orar por un grupo de «cinco cosas» cada día, en el transcurso de tres semanas, y volver a empezar.*

▶ *Puedes tomar uno de los temas de oración y orar una parte cada día de lunes a viernes.*

▶ *O bien, puedes ir entrando y saliendo, cuando quieras y surja alguna necesidad particular en tu vida familiar.*

▶ *También hay un espacio en cada página para escribir los nombres de situaciones concretas o inquietudes que quieras recordar en oración.*

Aunque a lo largo de la guía usé «padres» en plural, sé que, por diversas razones (algunas muy dolorosas), no todos estarán orando por ambos padres. También reconozco que cada lector llegará a este libro con una dinámica y una historia familiar únicas. Aunque no podemos captar la situación particular de cada uno en las pautas para orar, confío en que, con un poco de creatividad, podrás considerar las necesidades de tu familia y ajustar tus oraciones de acuerdo a la ayuda del Espíritu.

Cada sugerencia de oración se basa en un pasaje de la Biblia, así que puedes estar tranquilo de que, mientras uses esta guía, estarás haciendo grandes oraciones... oraciones que Dios quiere que pronuncies, porque están basadas en Su Palabra y alineadas con Su corazón.

Como cristianos, Dios nos manda dedicarnos a la oración y honrar a nuestros padres (Rom. 12:12; Ef. 6:2). Cuando honramos a nuestros padres al incluirlos en nuestras oraciones, ¡obedecemos ambos mandamientos, lo cual sin duda agrada a Dios!

El mandamiento de honrar a nuestros padres viene con una hermosa promesa: «para que te vaya bien» (Ef. 6:3). Espero que recojas esta bendición al acercarte a Dios con oraciones que cambien las cosas para una generación de personas mayores.

5 RAZONES PARA ORAR

ORACIONES PARA QUE DIOS...

SALVE A MIS PADRES

JUAN 3:16-21

PUNTOS DE ORACIÓN:

_____

_____

_____

_____

Padre, tú eres el Dios que salva. Por favor, ayuda a mis padres a...

CONOCER EL AMOR DE DIOS

«Porque tanto amó Dios al mundo que dio a su Hijo unigénito...» (v. 16).

El amor de Dios por nuestros padres es profundo, firme y puro. Nuestro propio amor por ellos palidece en comparación. Ora para que tu mamá y tu papá miren el sacrificio de Cristo y sepan cuánto los ama Dios. Dale gracias por amarte con ese mismo amor.

CREER EN JESÚS

«... para que todo el que cree en él...» (v. 16).

¿Tus padres creen en Jesucristo para su salvación? Si la respuesta es sí, alaba a Dios por salvarlos de sus pecados. Si todavía no creen, ora con audacia en el poder del Espíritu Santo y el nombre de Jesús, para que Dios toque sus corazones y crean. Pídele a Dios que te dé oportunidades y valor para compartir tu fe con ellos.

NO SE PIERDAN

«… no se pierda…» (v. 16).

Seamos o no creyentes, todos tenemos que enfrentar la realidad de que nuestros cuerpos terrenales perecerán con el tiempo. Ora para que tus padres tengan una conciencia cada vez mayor de su propia mortalidad, y que eso los lleve a contemplar sobriamente lo que sucede después de la tumba, y a correr de inmediato a Jesús para escapar del aguijón de la muerte eterna.

TENGAN VIDA ETERNA

«… sino que tenga vida eterna…» (v. 16).

Cristo murió por nuestros pecados para que, si creemos en Él, podamos vivir con Dios y disfrutar de Él para siempre en el cielo. Ora para que tus padres se aferren a esta promesa y permitan que también tenga un impacto en su manera de vivir el resto de sus días en esta tierra.

SE ACERQUEN A LA LUZ

«En cambio, el que practica la verdad se acerca a la luz, para que se vea claramente que ha hecho sus obras en obediencia a Dios» (v. 21).

Aquellos que viven en la verdad del evangelio (la buena noticia de que Jesús murió por nuestros pecados) no necesitan temer a la luz. ¿Qué cosas del pasado o el presente de tus padres podría hacer que deseen retirarse entre las sombras? Ora para que se acerquen confiadamente a la luz, donde el pecado queda expuesto, la vergüenza huye y las buenas obras brillan resplandecientes para la gloria de Dios.

5 RAZONES PARA ORAR

ORACIONES PARA QUE DIOS...

LES DÉ
PROPÓSITO

SALMO 90:12-17

PUNTOS DE ORACIÓN:

_____

_____

_____

_____

Señor, tú creaste a mis padres para que te disfruten y te glorifiquen. Te pido que...

 ## LOS VUELVAS HUMILDES

> *«Enséñanos a contar bien nuestros días...»* (v. 12).

Cuando «contamos bien nuestros días», nos damos cuenta de que nuestro tiempo en la tierra es limitado. Esto podría tener un efecto paralizante sobre algunos, pero en cambio, ora para que impulse a tus padres a reconocer humildemente a nuestro Dios eterno y a vivir el resto de sus días a Su servicio.

 ## TENGAS COMPASIÓN

> *«... compadécete de tus siervos»* (v. 13, LBLA).

¡Cuánto necesitamos la compasión de Dios! Le pertenecemos, pero usurpamos Su propósito para nuestras vidas y, en cambio, trabajamos con egoísmo para nuestro propio éxito y gloria. Dedica un momento a confesar al Señor tu propia idolatría. Después, pídele que convenza a tus padres de sus pecados y que tenga misericordia de todos ustedes.

SACIES SU ALMA

«Sácianos de tu amor por la mañana...» (v. 14).

El mundo les ofrece a nuestros padres una gran variedad de bienes que prometen satisfacerlos. Se les dice que *este crucero, aquella píldora mágica* y *este complejo de retiro* los harán felices, pero la Biblia afirma que la verdadera satisfacción viene de Dios. Ora para que tus padres estén satisfechos en Él y para que conozcan Su amor inagotable día a día.

MUESTRES TUS OBRAS

«¡Sean manifiestas tus obras [...]!» (v. 16).

La obra de redención es una de las más increíbles que ha hecho Dios. Si tus padres son siervos de Dios, maravíllate por la obra salvadora que Cristo logró a su favor. Si no lo son, ora para que Él te permita contemplar Su esplendor al hacer la obra en sus corazones que solo Él puede hacer.

CONFIRMES LA OBRA DE SUS MANOS

«... Confirma en nosotros la obra de nuestras manos; sí, confirma la obra de nuestras manos» (v. 17).

Piensa en la obra que tus padres hacen cada día. Ya sea que trabajen con las manos, se sienten en un escritorio o trabajen como voluntarios jubilados, pídele a Dios que haga que su trabajo sea fructífero; no solo para su propia ganancia o elogio, sino para el bien de los demás y la gloria de Dios.

5 RAZONES PARA ORAR

ORACIONES PARA QUE DIOS...

LES CONCEDA SABIDURÍA

PROVERBIOS 2:1-10

PUNTOS DE ORACIÓN:

_____

_____

_____

_____

Dios, tú eres la fuente de toda sabiduría. Concédeles sabiduría a mis padres. Por favor…

 ## DALES ENTENDIMENTO

> «Si llama a la inteligencia y pides discernimiento […] entonces comprenderás el temor del Señor y hallarás el conocimiento de Dios» (vv. 3, 5).

Dios les da sabiduría a aquellos que la buscan. Ora para que tus padres no confíen en su propio discernimiento o en el de los demás, sino que clamen al Señor en busca de sabiduría, arraigados en el temor de Dios.

 ## HABLA A TRAVÉS DE TU PALABRA

> «Porque el Señor da la sabiduría; conocimiento y ciencia brotan de sus labios» (v. 6).

Alabado sea Dios por darse a conocer y hablarnos a través de Su Palabra. Pídele que les dé a tus padres sabiduría mientras leen las Escrituras. Ora para que tengan oídos abiertos y corazones humildes y listos para recibir conocimiento y comprensión.

PROTÉGELOS

>*«Él cuida el sendero de los justos y protege el camino de sus fieles» (v. 8).*

Dios ofrece Su protección a aquellos que le pertenecen. Si nuestros padres no se han entregado a Su cuidado, ora para que pongan su fe en Jesús. Si ya están entre los fieles, pídele a Dios que los proteja de la tentación, el pecado y los ataques del maligno, mientras caminan en sabiduría.

 GUÍALOS

>*«Entonces comprenderás la justicia y el derecho, la equidad y todo buen camino» (v. 9).*

Ora para que tus padres no intenten abrirse camino solos, sino que caminen sobre la buena senda que Dios marcó. Piensa en situaciones y decisiones específicas que tus padres están enfrentando hoy y pídele a Dios que los conduzca donde Él quiere que vayan.

5 PON SABIDURÍA EN SUS CORAZONES

>*«La sabiduría vendrá a tu corazón, y el cono-cimiento te endulzará la vida» (v. 10).*

Ora para que tu mamá y tu papá se deleiten en el camino de la sabiduría y aprendan a gustar de su dulce fruto. Si ya ves este fruto en sus vidas, bendice al Espíritu por poner sabiduría en sus corazones. Ora para que recibas la sabiduría de tus padres con un espíritu atento y un corazón agradecido.

5 RAZONES PARA ORAR

ORACIONES PARA QUE DIOS...

BENDIGA SUS RELACIONES

PROVERBIOS

PUNTOS DE ORACIÓN:

_____

_____

_____

_____

Padre, por favor, bendice a mis padres a través de sus relaciones; en especial, con su(s)…

CÓNYUGE

> *«Quien halla esposa halla la felicidad: muestras de su favor le ha dado el SEÑOR» (18:22).*

El matrimonio es una bondad de Dios diseñada para bendecirnos. Si tus padres están casados (o recasados), ora para que Dios les muestre Su favor al fortalecer su amor el uno por el otro y por Cristo. Pídele a Aquel que los unió que proteja su matrimonio contra el pecado, la pasividad y las maquinaciones de Satanás.

HIJOS

> *«El padre del justo experimenta gran regocijo; quien tiene un hijo sabio se solaza en él» (23:24).*

Este versículo nos dice que podemos ser instrumentos de la bendición de Dios para nuestros padres… ¡qué privilegio! Ora hoy para que tú y tus hermanos (si los tienes) traigan gozo a la vida de tus padres al hacer lo correcto a los ojos de Dios.

 **NIETOS**

> *«La corona del anciano son sus nietos; el orgullo de los hijos son sus padres»* (17:6).

Dios ama a las generaciones; son parte de Su buen diseño para las familias. Si tus padres son abuelos, ora para que atesoren a sus nietos y encuentren gran alegría en esas relaciones especiales. No importa si son abuelos o no, pídele a Dios que use a tus padres para proclamar Sus obras a la próxima generación.

 AMIGOS

> *«En todo tiempo ama el amigo»* (17:17).

Pídele al Señor que les provea a tus padres amigos piadosos que los animen fielmente y los exhorten en verdad y amor. Agradécele por los amigos que ya tienen, y ora por ellos mencionándolos por nombre. Ora para que tus padres sean buenos amigos para otros también, para que los amen y los edifiquen.

 IGLESIA

> *«El hierro se afila con el hierro, y el hombre en el trato con el hombre»* (27:17).

La santificación no sucede en una burbuja. Ora para que Dios use a la familia de la iglesia de tus padres para fortalecer su fe, y que, a su vez, tu mamá y tu papá ayuden a los creyentes más jóvenes a crecer en madurez. Si tus padres no son cristianos, ora para que el testimonio de la iglesia juegue un papel a la hora de ganarlos para Cristo.

5 RAZONES PARA ORAR

ORACIONES PARA QUE DIOS...

LES TRAIGA GOZO

SALMO 16:8-11

PUNTOS DE ORACIÓN:

_____

_____

_____

_____

Dios, la verdadera felicidad viene de ti. Concédeles a mis padres…

UNA ESPERANZA INAMOVIBLE

> *«Siempre tengo presente al Señor; con él a mi derecha, nada me hará caer» (v. 8).*

En un mundo lleno de constantes distracciones, ora para que tus padres mantengan sus ojos en el Señor y pongan su esperanza firmemente en Cristo, el cual nos llena con todo gozo. Ora para que cualquiera sea la angustia o prueba que pueda llegar en el futuro (o que ya esté empañando el presente), tus padres no sean conmovidos, porque Dios está con ellos.

UN CORAZÓN ALEGRE

> *«Por eso mi corazón se alegra, y se regocijan mis entrañas…» (v. 9).*

David, el escritor de este salmo, estaba satisfecho en el Señor, y lo llamaba «mi porción y mi copa» (v. 5). «Por eso —cantaba— mi corazón se alegra». Ora para que tus padres, al igual que David, se alegren en Dios y se deleiten en Su presencia y Su provisión.

 **SEGURIDAD**

> *«… todo mi ser se llena de confianza. No dejarás que mi vida termine en el sepulcro…» (vv. 9-10).*

A menudo, el miedo es lo que nos roba el gozo. Tu mamá o tu papá tal vez acudan a asesores financieros, médicos, programas gubernamentales o a la familia en busca de seguridad. Aunque estas personas y servicios pueden ofrecer algo de paz mental, ora para que tus padres encuentren su seguridad suprema en la muerte y la resurrección de Jesucristo.

 VERDADERA VIDA

> *«Me has dado a conocer la senda de la vida…» (v. 11).*

Ora para que Dios les muestre a tus padres la senda de la vida. No podemos hallarla por nuestra cuenta. Necesitamos que Dios nos la revele a través de Jesucristo, el cual es «el camino, la verdad y la vida» (Juan 14:6).

 DICHA ETERNA

> *«… me llenarás de alegría en tu presencia, y de dicha eterna a tu derecha» (v. 11).*

Jesús es el Rey que se sentará a la diestra del Padre para siempre, para experimentar el gozo pleno del cielo con aquellos que Él redimió. Ora para que, más y más, tus padres anticipen con ansias la dicha eterna que les espera a los que siguen a Cristo, y que esto les dé gozo hoy.

5 RAZONES PARA ORAR

ORACIONES PARA QUE MIS
PADRES...

SE DELEITEN EN LA PALABRA DE DIOS

SALMO 119:12-16

PUNTOS DE ORACIÓN:

_____

_____

_____

_____

Oh, Señor, quiero que mis padres prueben la bondad de tu Palabra. Que puedan...

ALABARTE

«¡Bendito seas, Señor! ¡Enséñame tus decretos!» (v. 12).

Ora para que tus padres abran la Biblia y prorrumpan en alabanza al leer sobre quién es Dios y lo que ha hecho. Bendito sea el Señor por darnos Su Palabra escrita inspirada.

HABLAR TU PALABRA

«Con mis labios he proclamado todos los juicios que has emitido» (v. 13).

¿Quién está lo suficientemente cerca de tus padres como para oírlos? ¿Los nietos? ¿Compañeros de trabajo? ¿Los vecinos? ¿Personas que los cuidan? ¿Amigos? ¿Alumnos de la escuela dominical? Ora para que tus padres usen sus labios para compartir lo que han aprendido de la Palabra de Dios con cualquiera que escuche. Si tus padres no son cristianos, ora para que Dios les dé oídos para oír la predicación del evangelio.

3 REGOCIJARSE EN LA OBEDIENCIA

*«Me regocijo en el camino de tus estatutos
más que en todas las riquezas» (v. 14).*

Elegir el camino de Dios no siempre es fácil, pero la
obediencia a Su Palabra trae recompensas eternas. Ora
para que tus padres obedezcan a Dios con corazones
gozosos, y para que los bendiga ricamente, mientras
ponen en acción lo que leen.

4 MEDITAR EN TUS PRECEPTOS

*«En tus preceptos medito, y pongo mis ojos
en tus sendas» (v. 15).*

Según en qué etapa de la vida estén, tus padres tal vez
se encuentren con más tiempo y espacio para medi-
tar en la Palabra de Dios o, por el contrario, con una
capacidad reducida para memorizar y recordar. Pídele
al Espíritu que ayude a tus padres a esconder la Palabra
de Dios en sus corazones y a traerles pasajes a la mente
a lo largo del día. Ora para que su meditación los lleve
a alabar a Dios, a confesar pecados, buscar la santidad
y dar gracias al Señor.

5 LEER Y DELEITARSE

*«En tus decretos hallo mi deleite, y jamás
olvidaré tu palabra» (v. 16).*

La Palabra de Dios es un festín para el alma hambrienta,
y Él nos invita a participar de ella a diario. Ora para que

tus padres anhelen la Palabra de Dios cada mañana, la lean y se deleiten en lo que dice. Pídele al Señor que quite cualquier distracción que haga que tus padres descuiden la Palabra.

5 RAZONES PARA ORAR

ORACIONES PARA QUE MIS
PADRES...

AMEN A DIOS
Y A LOS
DEMÁS

MARCOS 12:30-31

PUNTOS DE ORACIÓN:

_____

_____

_____

_____

Dios, te pido que mi mamá y mi papá te amen con todo(a) su...

CORAZÓN

«Ama al Señor tu Dios con todo tu corazón...» (v. 30).

Nuestro corazón hacia Dios puede enfriarse y endurecerse con el tiempo, si no estamos atentos. Ora para que el Señor avive el afecto de tus padres y encienda su corazón hacia Él. Si no aman a Dios, ora para que les dé un nuevo corazón y ponga en ellos un espíritu nuevo (Ezeq. 36:26).

ALMA

«... con toda tu alma...» (v. 30).

Dios nos creó para que lo amáramos con todo lo que somos: nuestras personalidades singulares, nuestras pasiones, emociones, pensamientos, sentido del humor e inclinación. Dedica un momento a pensar en cómo Dios hizo a tus padres. Agradécele por crearlos como portadores únicos de la imagen de Dios con un alma eterna, y ora para que obedezcan al Señor con todo su ser.

MENTE

«… con toda tu mente…» (v. 30).

Cuanto más descubro sobre Dios, más me doy cuenta de lo mucho que me queda por aprender. Ora para que tus padres sean alumnos de por vida que estudien activamente la Palabra de Dios y busquen conocerlo más. Ora para que este conocimiento lleve a un amor más profundo por su Salvador.

 FUERZA

«… y con todas tus fuerzas» (v. 30).

Al mirar a los años que vienen por delante, ora para que tus padres usen cada gramo de fuerza para amar y glorificar a Dios, al inclinar sus cabezas canosas en reverencia y levantar sus manos arrugadas en adoración. Ora para que usen todo lo que tengan al alcance (incluso sus habilidades y recursos) para demostrar su amor por Él también.

 **… Y AMEN A SUS PRÓJIMOS**

«… Ama a tu prójimo como a ti mismo»
(v. 31).

Piensa en personas específicas con las que tus padres tienen contacto a diario. Ora para que demuestren su amor por Dios al amar a estas personas y buscar su bien. Si tus padres todavía no conocen el amor de Cristo, pídele a Dios que ablande su corazón y les permita recibirlo; después, ora para que reciban la motivación para amar a otros por cómo Cristo los amó.

5 RAZONES PARA ORAR

ORACIONES PARA QUE MIS PADRES...

NO ESTÉN ANSIOSOS

FILIPENSES 4:4-9

PUNTOS DE ORACIÓN:

_____

_____

_____

_____

Padre, cuando la ansiedad se infiltre, ayuda a mis padres a...

ALEGRARSE EN EL SEÑOR

> *«Alégrense siempre en el Señor. Insisto: ¡Alégrense!» (v. 4).*

¿Qué circunstancias de vida podrían tentar a tus padres a la ansiedad? Es fácil dejarse consumir por las preocupaciones de este mundo, así que Pablo nos recuerda —no una, sino dos veces— que nos alegremos en el Señor. Ora para que, en medio de las dificultades, tus padres tengan una alegría profunda en nuestro Dios que nunca cambia ni falla.

SABER QUE EL SEÑOR ESTÁ CERCA

> *«... El Señor está cerca» (v. 5)*

A veces, nos preocupamos *por* nuestros padres. Alabado sea el Señor porque está cerca de ti y porque los cuida... aun cuando tú no puedes. Ora para que estas dulces convicciones te ayuden a confiar en que tu Padre celestial cuidará de tu papá y tu mamá. Háblale a Dios sobre cuestiones específicas que los preocupan a ti o a ellos, sabiendo que Él te oye.

 ORAR

> *«No se inquieten por nada; más bien, en toda ocasión, con oración y ruego, presenten sus peticiones a Dios y denle gracias»* (v. 6).

¿Adónde suelen acudir tus padres en momentos de ansiedad? Tal vez se vuelcan a consuelos como los amigos, la comida, las redes sociales o el alcohol. Quizás confían en ellos mismos con autosuficiencia. Ora para que, en cambio, levanten sus ojos a Dios en oración.

 ESTAR EN PAZ

> *«Y la paz de Dios, que sobrepasa todo entendimiento, cuidará sus corazones y sus pensamientos en Cristo Jesús»* (v. 7).

Pídele a Dios que les conceda a tus padres Su perfecta paz y que cuide de la ansiedad sus corazones y sus pensamientos en Cristo Jesús. Si tus padres no siguen a Jesús, ora para que vean la paz de Dios dentro de ti y la deseen para ellos.

 PENSAR EN CRISTO

> *«consideren bien todo lo verdadero, todo lo respetable, todo lo justo, todo lo puro,*

todo lo amable, todo lo digno de admira-
ción...» (v. 8).

La mente ansiosa puede salirse de control con rapi-
dez. Ora para que tus padres rechacen de inmediato
los pensamientos ansiosos y, en cambio, piensen en
Cristo, nuestro Salvador más «excelente» y merecedor
de «elogio» (v. 8), de manera que la ansiedad no tenga
cabida en su corazón.

5 RAZONES PARA ORAR

ORACIONES PARA QUE MIS
PADRES...

PUEDAN
CONTENTARSE

1 TIMOTEO 6:6-12

PUNTOS DE ORACIÓN:

_____

_____

_____

_____

Señor Dios, dador de todas las cosas, que mis padres puedan...

SER AGRADECIDOS

> *«... la piedad, en efecto, es un medio de gran ganancia cuando va acompañada de contentamiento» (v. 6, LBLA).*

¿Tus padres están descontentos con sus circunstancias? Tal vez desearían vivir más cerca de la familia o no ven la hora de jubilarse. Quizás sus cuerpos les fallan o no les gusta necesitar ayuda. Ora para que, en vez de dejarse consumir por lo que no tienen, den gracias por lo que Dios ya les ha dado; en especial, el regalo de Su Hijo.

PENSAR CON LA ETERNIDAD EN MENTE

> *«Porque nada trajimos a este mundo, y nada podemos llevarnos» (v. 7).*

Los precios de las acciones se desploman, la vajilla cara se rompe y la plata se desluce. Ora para que tus padres no vayan en pos de riquezas perecederas, sino que, en cambio, anticipen su herencia eterna, la cual ha sido asegurada por Cristo. Si no conocen a Jesús, ora para que no busquen satisfacción en lo que el mundo tiene para ofrecer, sino que encuentren un contentamiento duradero en Cristo.

 ## CONFIAR EN LA PROVISIÓN DE DIOS

«Así que, si tenemos ropa y comida, conten-témonos con eso» (v. 8).

A medida que envejecen, tus padres tal vez sientan que no tienen tanto control sobre sus finanzas, su salud o incluso su cuidado personal. Ora para que esta sensación no los lleve a desesperar, sino a contentarse con la seguridad de que Dios proveerá lo que necesitan a diario. Con humildad, pregúntale a Dios cómo podría usarte para proveer para algunas de estas necesidades.

 ## EVITAR LA TENTACIÓN

«Los que quieren enriquecerse caen en la tentación…» (v. 9).

El descontento y el amor al dinero pueden tentarnos a acumular cosas, hacer trampa, quejarnos o envidiar. Ora para que tus padres no caigan en estas trampas, sino que caminen cerca de Dios, el cual nos protege de las asechanzas del pecado.

BUSCAR LA JUSTICIA

> «… esmérate en seguir la justicia, la piedad,
> la fe, el amor, la constancia y la humildad»
> (v. 11).

Las voces externas les dicen a nuestros padres que busquen una vida de comodidad y placer, pero Dios desea que busquen la justicia. Ora para que tus padres se sometan con alegría a los caminos de Dios y miren a Cristo como su ejemplo y fortaleza.

5 RAZONES PARA ORAR

ORACIONES PARA QUE MIS PADRES...

PERSEVEREN

HEBREOS 12:1-12

PUNTOS DE ORACIÓN:

_____

_____

_____

_____

Padre, a medida que mis padres se acercan a la línea de llegada, concédeles perseverancia. Ayúdalos a…

CORRER CON PERSEVERANCIA

> *«… despojémonos del lastre que nos estorba […], y corramos con perseverancia la carrera que tenemos por delante» (v. 1).*

Ora para que tus padres dejen de lado el pecado, las distracciones o cualquier otra cosa que les sea un peso, ¡de manera que puedan correr las últimas vueltas de la carrera que Dios les puso por delante con ganas! Si no son creyentes, ora para que Dios los guíe con gentileza a la línea de partida.

CONSIDERAR A JESÚS

> *«Fijemos la mirada en Jesús, el iniciador y perfeccionador de nuestra fe…» (v. 2).*

Ora para que tus padres fijen la mirada en Jesús, Aquel que ya conquistó la muerte y nos anima mientras corremos hacia Él. Ora para que, con cada año que pasa, atesoren más a Cristo, o para que realmente vean y acepten a Jesús por primera vez.

ACEPTAR LA DISCIPLINA

«Lo que soportan es para su disciplina, pues Dios los está tratando como a hijos...» (v. 7).

Tal vez parezca extraño pedirle a Dios que discipline a tus padres. Pero si creemos que Dios disciplina a Sus hijos por amor, entonces deberíamos pedirle con alegría que nos discipline tanto a ellos como a nosotros, para que «participemos de su santidad» (v. 10). Dedica un momento para hacerlo ahora.

MIRAR LA COSECHA

«... produce una cosecha de justicia y paz para quienes han sido entrenados por ella» (v. 11).

Ora para que Dios use las pruebas que tus padres están enfrentando ahora mismo para producir buen fruto en ellos, haciéndolos más firmes, más perfectos y más completos a medida que practican la confianza en Él. Pídele a Dios que ayude a tus padres a ver más allá del dolor inmediato de la disciplina y miren la cosecha de justicia y paz que algún día tendrán.

SER FUERTES

«Por tanto, renueven las fuerzas de sus manos cansadas y de sus rodillas debilitadas» (v. 12).

Da gracias a Dios por todas las personas que ha usado en los últimos años para fortalecer tu fe y ayudarte a resistir: tus padres y madres espirituales. Dedica tiempo para orar por ellos también, pidiendo que Dios les conceda resistencia mientras buscan servirlo.

5 RAZONES PARA ORAR

ORACIONES PARA CUANDO
MIS PADRES...

ESTÁN EN ALGUNA TRANSICIÓN

DEUTERONOMIO 31:6-8

PUNTOS DE ORACIÓN:

_____

_____

_____

_____

Dios, cuando los israelitas emprendieron una travesía nueva a un lugar nuevo bajo un nuevo líder, tú permaneciste firme. ¡Y lo sigues haciendo! Sé una constante para mis padres en su...

JUBILACIÓN

«Sean fuertes y valientes. No teman ni se asusten ante esas naciones, pues el Señor su Dios siempre los acompañará...» (v. 6).

La jubilación puede ser un tiempo emocionante, pero también puede venir con incertidumbre. Agradece a Dios por el trabajo de tus padres, y ora pidiendo que enfrenten los años de retiro con valor, sabiendo que Dios estará con ellos. Si tus padres no conocen a Dios como su Señor, pídele que los salve para que puedan pasar su época de retirados proclamando Su nombre al mundo.

NIDO VACÍO

«... nunca los dejará ni los abandonará» (v. 6).

Es natural que los padres se sientan tristes cuando los hijos abandonan el nido. Alaba a Dios por Su amor inagotable, y ora para que tus padres acudan a Él para llenar el vacío que pueden sentir en tu ausencia.

 ## MUDANZA

«El Señor mismo marchará al frente de ti...»
(v. 8).

En esta etapa de la vida, tus padres tal vez necesiten reducir gastos, trasladarse o mudarse a un centro de cuidado a largo plazo. Las mudanzas pueden ser estresantes y agotadoras emocionalmente —para nuestros padres y para nosotros—, pero podemos animarnos al saber que el Señor va delante de nosotros. Ora para que tú y tus padres confíen en que Dios proveerá gracia para el futuro, estén donde estén.

 ## DOLOR

«... y estará contigo...» (v. 8).

A medida que nuestros padres envejecen, es probable que se acostumbren cada vez más al dolor. Ora para que Dios esté cerca de ellos mientras lloran la muerte de amigos y familiares, y para que encuentren consuelo en Su presencia.

 ## OTRAS TRANSICIONES

«... No temas ni te desanimes» (v. 8).

Dedica un momento a pensar en las transiciones que tus padres están enfrentando. Pídele a Dios que te revele cómo quiere que los alientes durante este tiempo. Ora para que, sea cual sea la transición, tus padres puedan enfrentarla sin temor.

5 RAZONES PARA ORAR

ORACIONES PARA CUANDO
MIS PADRES...

SUFREN

SALMO 103:1-14

PUNTOS DE ORACIÓN.

_____

_____

_____

_____

Señor, ayuda a mis padres a bendecir tu nombre y recordar tus beneficios mientras enfrentan…

ENFERMEDAD

> *«Él perdona todos tus pecados y sana todas tus dolencias» (v. 3).*

Dios entiende lo difícil que es observar cómo un ser querido sufre de enfermedad o dolor. Aunque desde la perspectiva amplia de la Escritura podemos ver que Dios no siempre sana nuestras enfermedades de este lado del cielo, sí nos instruye a orar con fe por los enfermos (Sant. 5:14). Pídele que sane a tus padres y que haga que sus almas estén bien en Cristo.

DIFICULTADES ECONÓMICAS

> *«… y te cubre de amor y compasión; él colma de bienes tu vida…» (vv. 4-5).*

Tus padres tal vez sufran bajo el peso de cuentas médicas que se acumulan, ahorros que decrecen, malas inversiones o desempleo. Ora para que el Señor provea para sus necesidades diarias y para que conozcan las riquezas del amor de Cristo por ellos.

INJUSTICIA

«El Señor hace justicia y defiende a todos los oprimidos» (v. 6).

La injusticia contra los ancianos portadores de la imagen del Señor entristece el corazón de Dios y también debería entristecer el nuestro. Tal vez tus padres han sido calumniados, les han faltado el respeto o incluso han caído presa del abuso o el fraude. Ora para que Dios ejecute Su justicia a su favor y para que ellos (y tú) confíen en Él mientras tanto.

DISENSIÓN RELACIONAL

«El Señor es clemente y compasivo, lento para la ira y grande en amor» (v. 8).

Los amigos y familiares a veces pueden fallarnos, pero el Señor *siempre* es compasivo y lleno de gracia, lento para la ira y abundante en amor. Si tus padres están sufriendo de dolor relacional o si tu propia relación con ellos está tensa, pídele a Dios que restaure estas relaciones y los ayude a tratarse de una manera que refleje Su carácter.

CONSECUENCIAS DEL PECADO

«No nos trata conforme a nuestros pecados ni nos paga según nuestras maldades» (v. 10).

Dios tal vez permita que experimentemos las consecuencias de nuestros pecados, pero en Su bondad, no nos paga con lo que merecemos en realidad. Si tus padres sienten el aguijón de su propio pecado ahora mismo, pídele a Dios que use su sufrimiento para hacerlos volverse a Cristo en busca de misericordia.

5 RAZONES PARA ORAR

ORACIONES PARA CUANDO
MIS PADRES...

SE SIENTEN
SOLOS

SALMO 25:14-18

PUNTOS DE ORACIÓN:

_____

_____

_____

_____

Padre celestial, cuando mis padres se sientan solos, por favor, concédeles…

AMISTAD

> *«El Señor brinda su amistad a quienes le honran…» (v. 14).*

¿Por qué tus padres podrían sentirse solos? Tal vez están lejos de sus seres queridos, viven solos, están enfermos o en una cama de hospital, extrañan a viejos amigos, están distanciados de su familia o no pueden mantener conversaciones como antes. Ora para que Dios sea un fiel amigo para ellos en medio de su soledad.

GRACIA

> *«Vuelve a mí tu rostro y tenme compasión»* (v. 16).

La gente puede darnos la espalda, pero Dios se acerca a Sus hijos con gracia. Ora para que tu mamá y tu papá entiendan la profundidad del amor de Dios hacia ellos y lo reciban con corazones agradecidos. Agradécele por Su gracia para ti también.

3 CONSUELO

«... me encuentro solo y afligido» (v. 16).

David fue el primero en pronunciar estas palabras, pero se cumplieron en el Rey Jesús, que fue despreciado y rechazado por el mismo pueblo que vino a salvar. Ora para que tus padres encuentren consuelo en Cristo y se acerquen a Dios a través de Él. Pídele a tu Padre celestial que te revele cómo puedes ser de consuelo para tus padres en su soledad; ora pidiendo fuerza para amarlos bien.

4 ALIVIO

«Crecen las angustias de mi corazón; líbrame de mis tribulaciones» (v. 17).

La soledad puede hacer estragos en nuestro corazón y nuestra mente… haciendo que creamos las mentiras de Satanás o dudemos del amor de Dios por nosotros. Ora para que Dios libre a tus padres de cualquier ansiedad o angustia que puedan experimentar, y que puedan depositar en el Señor toda ansiedad.

5 MISERICORDIA

«Fíjate en mi aflicción y en mis penurias, y borra todos mis pecados» (v. 18).

A veces, las mismas decisiones que tomamos nos terminan aislando. Ora para que el Espíritu convenza a tus padres de cualquier patrón pecaminoso que pueda estar contribuyendo a su soledad, y los impulse a buscar el perdón de Dios y de los demás. Si tus padres han pecado contra ti, pídele a Dios que te dé una postura de humildad y misericordia hacia ellos, para que puedas perdonar como Cristo te perdonó.

5 RAZONES PARA ORAR

ORACIONES PARA CUANDO
MIS PADRES...

ESTÁN
CUIDANDO
A SERES
QUERIDOS

EFESIOS 4:29-32

PUNTOS DE ORACIÓN:

_____

_____

....

_____

Señor, cuida a mis padres mientras ellos se ocupan de sus seres queridos. Ayúdalos a...

 ## HABLAR CON GRACIA

«Eviten toda conversación obscena. Por el contrario, que sus palabras contribuyan a la necesaria edificación y sean de bendición para quienes escuchan» (v. 29).

Si tus padres están cuidando a un ser querido ahora —tal vez un padre anciano, un hijo con necesidades especiales o un cónyuge enfermo—, pídele a Dios que los ayude mientras llevan a cabo la tarea buena que tienen por delante y que honra a Dios. Ora para que animen a aquellos a los que están cuidando; que nunca los derriben con sus palabras por frustración e impaciencia, sino que se dirijan a ellos con palabras edificantes y misericordiosas.

 ## DEJAR DE LADO TODA AMARGURA

«Abandonen toda amargura...» (v. 31).

Suplir las necesidades de un ser querido puede ser mental, emocional y físicamente agotador por momentos.

Ora para que tus padres no permitan que la amargura agobie sus corazones, sino que puedan servir a otros con gozo.

SER BONDADOSOS

«… sean bondadosos…» (v. 32).

Nuestro Padre celestial es sumamente bondadoso y nos cuida. ¡Alábalo por ser un Rey tan bueno y generoso! Ora para que tus padres imiten la bondad de Cristo para con nosotros y se sacrifiquen amando a los necesitados. Pídele a Dios que bendiga a tus padres con vida, justicia y honor, mientras dan abnegadamente de su tiempo, sus recursos y su energía (Prov. 21:21).

TENER COMPASIÓN

«… y compasivos unos con otros…» (v. 32).

A las personas que solían tener plena capacidad para todo puede costarles recibir ayuda. Ora para que tus padres sean comprensivos y compasivos con la persona a la que cuidan, aun cuando sus esfuerzos no sean reconocidos ni apreciados.

PERDONAR A OTROS

«… perdónense mutuamente, así como Dios los perdonó a ustedes en Cristo» (v. 32).

Cuidar a otros requiere una cierta cantidad de confianza para ambas partes. Cuando esa confianza se rompe, la relación puede volverse tensa. Ora para que tus padres y la persona a la que cuidan pasen por alto las ofensas menores y sean rápidos para perdonarse el uno al otro si se traiciona la confianza. Agradece a Dios por ser siempre digno de confianza y por perdonarnos en Cristo.

5 RAZONES PARA ORAR

ORACIONES PARA CUANDO MIS PADRES...

ESTÁN PERDIENDO LA MEMORIA

SALMO 102

PUNTOS DE ORACIÓN:

_____

_____

_____

_____

Señor, mis padres no tienen la memoria que tenían antes. Mientras camino a su lado, te pido que…

 # ESCUCHES MI CLAMOR

> *«Escucha, SEÑOR, mi oración; llegue a ti mi clamor» (v. 1).*

Cuidar a un padre que sufre de pérdida de la memoria puede ser dolorosísimo. Dedica tiempo a clamar a tu Padre celestial hoy y a sentarte junto a Él en tu dolor. Comunícale tus temores, tus frustraciones y tu angustia a Aquel que oye tus oraciones.

 # ME RESPONDAS

> *«… Inclina a mí tu oído; respóndeme pronto cuando te llame» (v. 2).*

Clama a Dios pidiendo sabiduría y ayuda mientras atraviesas el deterioro cognitivo de tus padres. Pídele que te conceda fuerza, resistencia, paciencia, esperanza y amor mientras cuidas a tus padres. Tal vez te sientes mal por no estar haciendo lo suficiente, o por tener que buscar ayuda. Pídele a Dios que te libere de la vergüenza y de la culpa y te ayude a verte a ti mismo y a tu situación como Él los ve en Cristo.

 ## 3 TENGAS MISERICORDIA DE ELLOS

«Mi corazón decae y se marchita como la hierba; ¡hasta he perdido el apetito! Por causa de mis fuertes gemidos se me pueden contar los huesos» (vv. 4-5).

Es desgarrador mirar a alguien a quien amas volverse cada vez más temeroso, paranoico, enojado o confundido. Pídele al Señor que tranquilice el corazón de tu mamá o tu papá y les dé momentos de paz. Ora para que tenga misericordia de ellos y los proteja de todo mal.

 ## 4 NOS AYUDES A ALABARTE

«… para proclamar en Sión el nombre del Señor y anunciar en Jerusalén su alabanza» (v. 21).

Si tus padres son cristianos, la demencia no tendrá la última palabra. Regocíjate al saber que tú y tus padres alabarán a Dios juntos un día en la Jerusalén celestial con mentes y cuerpos restaurados. Si todavía no son creyentes, pídele a Dios que llegue adonde tú no puedes —a su alma— y los lleve a clamar al nombre de Jesús.

NOS AYUDES A RECORDAR

«Pero tú eres siempre el mismo…» (v. 27).

Cuando tus padres cambian, Dios sigue siendo el mismo. Cuando no pueden recordar tu nombre, Él recuerda el tuyo y el de ellos. ¡Qué esperanza tenemos en Él! Aférrate a estas verdades hoy y pídele al Señor que las traiga a tu mente en los días más difíciles. Ora para que Dios les dé a tus padres recuerdos claros y preciosos de Su persona en medio de la oscuridad, y que esté con ellos en los rincones escondidos de sus corazones.

5 RAZONES PARA ORAR

ORACIONES PARA CUANDO
MIS PADRES...

SE
ENFRENTAN
A LA MUERTE

2 CORINTIOS 5:1-10

PUNTOS DE ORACIÓN:

_____

_____

_____

_____

Dios, mientras mis padres anticipan su muerte, que puedan...

ANHELAR EL CIELO

> *«Mientras tanto suspiramos, anhelando ser revestidos de nuestra morada celestial»* (v. 2).

Mientras tus padres contemplan el deterioro de su fuerza y su salud, ora para que Dios haga que suelten los deseos de este mundo y empiecen a anhelar el cielo. Dale gracias por el tiempo que te ha dado con tu mamá y tu papá y pídele que te ayude a aferrarte más a Cristo de lo que te aferras a tus padres.

TENER CONFIANZA

> *«Por eso mantenemos siempre la confianza, aunque sabemos que mientras vivamos en este cuerpo estaremos alejados del Señor»* (v. 6).

Pídele a Dios que les dé a tus padres confianza frente a la muerte y el valor que solo viene de aferrarse a la resurrección de Cristo. Si no son cristianos, pídele a

Dios que abra sus ojos a la verdad y ponga el valor del evangelio en su corazón antes de morir.

 VIVIR POR FE

«Vivimos por fe, no por vista» (v. 7).

Al mirar atrás a sus vidas, tus padres tal vez lamenten haber perdido oportunidades, duden de la bondad de Dios o se sientan avergonzados de su pecado. Clama a Dios para que refuerce su fe, de manera que puedan tener plena seguridad del perdón y el amor de Dios hacia ellos en sus últimos días.

 APUNTAR A AGRADAR A DIOS

«Por eso nos empeñamos en agradarle...»
(v. 9).

Ora para que tus padres sometan tanto su vida como su muerte como humildes ofrendas a Dios. Ora para que sean intencionales con lo que les resta de dinero, tiempo, dones, palabras y talentos, administrando con fidelidad cada parte de esto de manera que sirva a Dios y a los demás.

 SERVIR A CRISTO

«Porque es necesario que todos comparez-camos ante el tribunal de Cristo, para que cada uno reciba lo que le corresponda, según lo bueno o malo que haya hecho mientras vivió en el cuerpo» (v. 10).

Cuando muramos, compareceremos ante Cristo, nuestro Juez justo. Nuestras obras no nos salvan, pero son indicadoras de nuestra fe en Jesús. Ora para que tus padres vivan en obediencia fiel ahora para que Cristo pueda declarar un día: «¡Hiciste bien, siervo bueno y fiel! [...] ¡Ven a compartir la felicidad de tu señor!» (Mat. 25:21).

5 RAZONES PARA ORAR

ORACIONES PARA QUE YO...

CONFÍE EN DIOS COMO MI PADRE

EFESIOS 3:14-21

PUNTOS DE ORACIÓN:

_____

_____

_____

_____

Padre, primero y principal, soy tu hijo. Por favor, ayúdame a recordar estas verdades...

 TIENES UN PLAN PARA MÍ

> *«Por esta razón me arrodillo delante del Padre, de quien recibe nombre toda familia en el cielo y en la tierra» (vv. 14-15).*

Arrodíllate delante de tu Padre, reconociéndolo como Aquel que designó toda familia en el cielo y en la tierra... ¡incluso la tuya! Alábalo por adoptarte como Su hijo y por colocarte en tu familia terrenal como parte de Su plan bueno. Si te cuesta entender Su plan, pídele a Dios que te dé ojos para ver Su bondad y fe para confiar en Su carácter.

 ME FORTALECERÁS

> *«Le pido que, por medio del Espíritu y con el poder que procede de sus gloriosas riquezas, los fortalezca a ustedes en lo íntimo de su ser» (v. 16).*

¿En dónde te sientes débil como hijo? Ora para que tu Padre te fortalezca con Su poder y te dé una fe inamovible en Jesucristo.

 ## ME AMAS

> *«… Y pido que, arraigados y cimentados en amor, puedan comprender, junto con todos los santos, cuán ancho y largo, alto y profundo es el amor de Cristo»* (vv. 17b-18).

Dios diseñó la relación entre padres e hijos para permitirnos vislumbrar Su amor por nosotros; sin embargo, a veces, nuestros padres no nos aman como Dios quiso. Si te falta ese amor, pídele a Dios que te ayude a comprender el amor perfecto, inagotable y abundante de Cristo para ti hoy, y alábalo por eso.

 ## ERES PODEROSO

> *«Al que puede hacer muchísimo más que todo lo que podamos imaginarnos o pedir…»* (v. 20).

¿Hay algún pedido de oración que tengas por tus padres y que ahora mismo te parezca imposible? Tal vez has estado orando incansablemente por su salvación o rogándole a Dios que sane la relación entre ustedes. ¡Lleva estos pedidos ante el Padre con una confianza renovada y la seguridad de que Él puede hacer muchísimo más de lo que podamos imaginar o pedir!

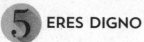

ERES DIGNO

> *«¡A él sea la gloria en la iglesia y en Cristo Jesús por todas las generaciones, por los siglos de los siglos!...» (v. 21).*

¡Levanta tus manos y glorifica a Dios! Ora para que Él siga glorificándose en tu familia por muchas generaciones más.

5 RAZONES PARA ORAR

ORACIONES PARA QUE YO...

DÉ GRACIAS

SALMO 100

PUNTOS DE ORACIÓN:

_____

_____

_____

_____

Señor, te daré gracias porque eres...

 NUESTRO HACEDOR

> «*Reconozcan que el* SEÑOR *es Dios; él nos hizo, y somos suyos...*» *(v. 3).*

Dios dedicó gran esmero a crearte: a ordenar cada uno de tus días y entretejerte con delicadeza en el vientre de tu madre (Sal. 139:13-16). Da gracias por el hombre y la mujer que unió para darte vida. Agradécele no solo por crearte, sino también por hacerte *suyo*.

 NUESTRO PASTOR

> «*... Somos su pueblo, ovejas de su prado*» *(v. 3).*

Jesús es un buen pastor. Dale gracias por llamarte por tu nombre y por entregar voluntariamente Su vida por ti, Su oveja. Reflexiona en cómo te ha guiado, protegido, restaurado y reconfortado a lo largo de tu vida —a veces, a través de tu madre y tu padre— y da gracias.

3 BUENO

«Porque el SEÑOR es bueno...» (v. 5).

Tenemos un Padre bueno que nos da buenos regalos. Bendícelo por derramar generosamente Su gracia y Su misericordia sobre ti a través de Su Hijo Jesucristo. Dale gracias por bendecirte con la adopción, la redención, el perdón y una herencia garantizada. Además de estas bendiciones espirituales, expresa tu gratitud por los buenos dones que te ha dado de manos de tus padres también; da gracias específicamente por algunos.

4 FIRME EN TU AMOR

«... su gran amor es eterno...» (v. 5).

Cuando el amor humano titubea, el amor de Dios permanece. Dale gracias por amarte hasta tal punto de llamarte Su hijo, y por prometer que nunca permitirá que te arrebaten de Su mano (Juan 10:29).

5 FIEL

«... su fidelidad permanece para siempre»
(v. 5).

El Señor ha sido fiel a la generación de tus padres, es fiel a tu generación y lo seguirá siendo en las generaciones futuras. ¡Gracias sean dadas a Dios! Dedica un momento para recordar instancias específicas de la fidelidad de Dios hacia ti y tu familia. Después, como escribe el salmista: «Aclamen alegres al SEÑOR, [...] adoren al SEÑOR con regocijo. Preséntense ante él con cánticos de júbilo» (vv.1-2).

5 RAZONES PARA ORAR

ORACIONES PARA QUE YO...

AME A MIS PADRES

ROMANOS 12:9-21

PUNTOS DE ORACIÓN:

_____

_____

_____

_____

Señor, quiero amar bien a mis padres. Provéeme la gracia que necesito para...

HONRAR

«... honrándose mutuamente» (v. 10).

En el Antiguo Testamento, la palabra *honor* significa «dar peso». Pídele a Dios que te ayude a honrar a tus padres al darles el peso adecuado en tu corazón y tu vida. Ora para que reflejes a nuestro Salvador misericordioso, el cual nos honró al sentarnos en lugares celestiales con Cristo, a pesar de nuestro estado pecaminoso (Ef. 2:5-6).

ORAR

«Alégrense en la esperanza, muestren paciencia en el sufrimiento, perseveren en la oración» (v. 12).

Estás en una posición ideal para ser uno de los mayores defensores de tus padres en oración. Pídele a Dios que te ayude a amar a tus padres al seguir intercediendo por ellos ante el trono de la gracia. ¿En qué áreas particulares necesitan tus padres una oración fiel? Lleva esos ruegos ante Dios ahora, y alábalo por escucharte.

RECIBIR

«… Practiquen la hospitalidad» (v. 13).

Da gracias a Dios por recibirte en Su familia e invitarte a sentarte a Su mesa. Pídele que te muestre maneras en las que puedes recibir a tus padres en tu casa y en tu vida. Ora para que estés dispuesto a sacrificar de tu tiempo, tus recursos y tu comodidad por amor a Dios y a tus padres.

BENDECIR

«Bendigan a quienes los persigan; bendigan y no maldigan» (v. 14).

Ya sea que tengas una excelente relación con tus padres o una conflictiva, ora pidiendo la bendición de Dios sobre ellos. Pídele al Señor que haga que Su rostro brille sobre ellos y les conceda gracia y paz. Da gracias por tus padres —y por las otras figuras paternales en tu vida—, recordando maneras específicas en que Dios haya usado a esta generación para ministrarte.

VIVIR EN PAZ

«Si es posible, y en cuanto dependa de ustedes, vivan en paz con todos» (v. 18).

Como cristianos, somos llamados a seguir el ejemplo de Cristo viviendo en paz con todos (¡incluso con la familia!), siempre y cuando dependa de nosotros. Felizmente, esa paz no proviene de nuestras propias fuerzas. El Príncipe de paz nos habilita a estar en paz con los demás. Pídele que te conceda paz hoy.

5 RAZONES PARA ORAR

ORACIONES PARA QUE YO...

BUSQUE
PERDÓN

1 CORINTIOS 13:4-7

PUNTOS DE ORACIÓN:

_____

_____

_____

_____

Padre, deseo amar a mis padres como Cristo me ha amado. Por favor, perdóname por las veces en que he sido...

IMPACIENTE

«El amor es paciente» (v. 4).

A veces, es difícil ser paciente con tus padres. Quizás son olvidadizos o se mueven con lentitud. Tal vez tienen opiniones políticas o filosofías de crianza diferentes a las tuyas. Si has sido impaciente con tus padres, apártate de tu pecado y vuélvete a tu Padre que es inmensamente paciente contigo. Pídele que te ayude a tenerles paciencia con alegría, aun cuando sea difícil.

INSENSIBLE

«El amor es [...] bondadoso...» (v. 4).

¿Alguna vez tratas mal a tus padres? Tal vez los has ofendido, interrumpido, les has hecho burla o los has tratado con sarcasmo. Arrepiéntete de tu actitud y tus palabras insensibles y pídele a Dios que te ayude a parecerte más a Cristo, y a llenar a tus padres de palabras bondadosas.

 **ORGULLOSO**

«... El amor no es [...] orgulloso...» (v. 4).

En nuestro orgullo, a veces creemos que sabemos más que nuestros padres y los desestimamos como anticuados o desactualizados. Pídele a Dios que revele cualquier orgullo que pueda residir en tu corazón y confiésaselo. Ora por una mayor humildad mientras consideras a tus padres como superiores a ti mismo (Fil. 2:3).

 EGOÍSTA

«... El amor no es [...] egoísta...» (vv. 4-5).

¿Alguna vez trataste a tus padres como si fueran una máquina expendedora, esperando que te dieran lo que querías y cuando lo querías? Aunque está bien que nuestros padres se deleiten en darles a sus hijos buenos regalos, debemos guardarnos de aprovecharnos de su bondad de manera egoísta. Da gracias a Dios por las maneras en que tus padres te han servido y arrepiéntete por las veces en que has sido desagradecido o has tenido demasiadas pretensiones.

 IMPLACABLE

«El amor [...] no guarda rencor» (vv. 4-5).

Los padres pueden ser de las personas más difíciles de perdonar. Después de todo, esperamos que nos sustenten y nos protejan, no que nos provoquen dolor. Si tus padres han pecado contra ti, ora para que Dios te

ayude a estar dispuesto a perdonarlos. Confiesa cualquier amargura que tengas contra ellos y entrégale tu
dolor a Cristo. Él llevará tus cargas pesadas con misericordia, y las reemplazará con gracia por una carga más
liviana (Mat. 11:28-30).

5 RAZONES PARA ORAR

ORACIONES PARA QUE YO...

CUIDE A MIS PADRES

FILIPENSES 2:1-8

PUNTOS DE ORACIÓN:

_____

_____

_____

_____

Dios, te doy gracias por cuidarme. Mientras cuido de mis padres, ayúdame a...

 RECIBIR ÁNIMO

> *«Así que, si Cristo les ha dado el poder de animar...» (v. 1, DHH).*

¡Qué alentador es saber que estamos unidos a Cristo! Si te sientes desanimado mientras cuidas a un padre anciano o enfermo, recuerda tu conexión con Jesús, en el cual tienes redención, seguridad y gracia. No estás solo en esto; Él está contigo a cada paso del camino.

 SER RECONFORTADO POR AMOR

> *«... si sienten [...] algún consuelo en su amor...» (v. 1).*

Pasar al rol de cuidador puede ser doloroso; en especial, cuando estás cuidando a una persona que te cuidó durante tanto tiempo. Desnuda tu corazón ante el Señor hoy y permite que te consuele con Su amor.

SER HUMILDE

«No hagan nada por egoísmo o vanidad; más bien, con humildad consideren a los demás como superiores a ustedes mismos» (v. 3).

Honrar a tus padres puede volverse cada vez más difícil a medida que te transformas en una especie de autoridad sobre ellos. Quizás necesites darle instrucciones y tomar decisiones a su favor. Ora para que puedas hacerlo con humildad, gracia y bondad.

 VER SUS NECESIDADES

«… Cada uno debe velar no solo por sus propios intereses, sino también por los intereses de los demás» (v. 4).

Pídele al Espíritu Santo que te ayude a ver las necesidades de tus padres. Ora por sabiduría para tomar las decisiones difíciles que vienen cuando debes cuidar a otro. Ríndele a Dios tus propios intereses o preferencias y pídele que te muestre qué es lo mejor para tus padres.

 IMITAR A CRISTO

«La actitud de ustedes debe ser como la de Cristo Jesús» (v. 5).

Aunque Jesús es Dios, «se rebajó voluntariamente, tomando la naturaleza de siervo [...] se humilló a sí mismo y se hizo obediente hasta la muerte, ¡y muerte de cruz!» (vv. 7-8) Ora para que Dios te ayude a imitar a Cristo, dándote un corazón dispuesto a obedecer a Dios y a servir a tus padres. Alaba al Señor Jesús por ser el ejemplo perfecto de humildad.